AF475121

MÉMOIRE

ADRESSÉ AU ROI,

PAR LA COMMISSION INTERMÉDIAIRE DES ÉTATS DE BRETAGNE.

Sire,

TOUS les Ordres de l'Etat, tous les Corps de Citoyens, toutes les parties du Royaume sont dans la consternation : elle s'est répandue au sein des Villes & dans les Campagnes : on est parvenu à jetter l'épouvante & l'effroi dans tous les cœurs ; mais on ne réussira pas à détruire notre confiance dans la Justice de Votre Majesté. Le courage de la Nation renaît de l'excès même de ses maux. Lorsque les Ennemis de l'Etat entourent votre Trône, Votre Majesté doit être l'objet de nos alarmes; jamais elle ne peut les causer. Le premier acte de votre Regne fut un hommage rendu aux Loix. Comment pourriez-vous, SIRE, adopter le projet de les détruire? Il ne peut avoir été enfanté que par les véritables ennemis de votre gloire.

Votre auguste Aïeul fut long-temps l'idole des Français. Des hommes pervers s'emparerent de sa confiance, abuserent de sa bonté pour se mettre à l'abri de sa justice; dégraderent tout, pour tout dominer; anéantirent la Magistrature qu'ils ne pouvoient corrompre, & lui substituerent des Juges dont plusieurs furent tirés de la classe même de ceux qui avoient à craindre d'être jugés. Votre Majesté monte sur le Trône; le Sanctuaire des Loix s'épure; les vrais Magistrats reparoissent: ils reprennent d'une main assurée les balances profanées par des mains incapables de les soutenir, & la Nation s'applaudit de les revoir acquitter la plus noble dette du Souverain.

Voilà, SIRE, la révolution digne d'un Roi. Pour l'opérer il n'a fallu ni s'envelopper d'un silence perfide, ni employer la force & la violence. Les Représentans de l'Autorité n'ont pas été obligés de faire marcher des armées à leurs secours; de se faire entourer de Soldats pour se garantir de la fureur du peuple; de monter au Temple de la Justice comme à l'assaut d'une Ville ennemie. Une foule de Citoyens de tous les rangs va au-devant des Commissaires de votre Majesté, se presse sur leurs pas; mais c'est pour leur servir de cortege; de toutes parts des cris se font entendre, mais ce sont des cris de joie; des acclamations, l'expression de l'enthousiasme public. Pour obliger les Juges Intermédiaires à céder la place aux vrais Magistrats, il n'est pas besoin de les y contraindre: la honte & le remord chassent les Intrus à l'instant où le Sanctuaire de la Justice s'ouvre aux Ministres des Loix.

Ah, SIRE! ces momens sont-ils déja si loin de nous! Que sur cette époque brillante de son regne, Votre Majesté daigne un instant reposer ses regards fatigués des tableaux affligeans que lui offre l'état actuel de la France !.... Qu'elle jouisse d'un souvenir consolateur, qui en lui montrant ce qu'elle a fait, lui révele ce que nous attendons de sa sagesse. Jeune encore, mais nourri des leçons d'un pere dont la mémoire sera toujours chere aux Français, le front à peine ceint du diadême, Votre Majesté a senti qu'à une Monarchie il faut une Magistrature honorable & honorée. En cédant aux premiers élans de votre Cœur, vous avez prouvé que c'étoit le plus sûr de vos guides ; c'est aussi le moins intéressé à vous tromper.

La justice & la bienfaisance sont les attributs naturels du Trône. Celui qui est revêtu du pouvoir souverain, d'un pouvoir fondé sur la Loi, & qui peut tout ce qu'elle autorise, n'a intérêt de vouloir que ce qu'elle veut. Mais les Rois sont malheureusement obligés de partager avec quelques-uns de leurs Sujets les soins qu'exigent le gouvernement d'un grand empire ; de confier une portion de leur autorité à des agens secondaires ; & sur le choix d'un Ministre, le meilleur Prince est exposé à des méprises si funestes !.... Souvent il croit sacrifier son propre penchant au bonheur de son peuple, en faisant taire la voix secrete qui l'avertit d'éloigner de sa Personne l'homme dangereux dont un parti puissant vante les talens & la capacité ; il croit faire un choix, & ce ne sont que les efforts combinés d'une intrigue artificieusement conduite qu'il couronne ; il croit se procurer un homme d'état, & l'événement ne tarde pas à faire connoître qu'il ne possede qu'un adroit courtisan. Dans l'ivresse des honneurs, les Ministres s'oublient ; ils jettent leur masque dont ils ne croient plus avoir besoin, & la Nation désolée frémit de voir le vice entourer le Trône d'un Roi vertueux.

SIRE, aucun Monarque n'a plus désiré que Votre Majesté le bonheur de ses Sujets, & l'Histoire nous offre peu de regnes où l'abus du pouvoir ministériel ait été plus funeste. Un prodigue, un dissipateur a ruiné l'État dont il régissoit les Finances ; ses Successeurs proposent d'abattre le tronc qu'il a desséché.

M. l'Archevêque de Sens avoit justement réclamé dans l'Assemblée des Notables contre l'établissement des impôts ruineux proposés par

M. de Calonne. Il devient chef du Conseil des Finances, & l'Autorité déploie tout l'appareil du pouvoir absolu pour faire enregîtrer ces mêmes impôts. On éprouve des difficultés qu'on désespere de vaincre, & dès-lors on semble abandonner toute idée d'impôts. On parle d'y suppléer par une réforme sévere, & la premiere opération du plan économique est un emprunt graduel & successif de quatre cens vingt-millions, masse effrayante, capable seule d'écraser un état déja obéré.

L'expérience nous apprend que ce n'est ni par des créations nouvelles d'impôts, ni par des emprunts qui ne sont eux-mêmes que des impôts anticipés qu'un Gouvernement sage rétablit les finances d'un Royaume. L'Histoire constate que l'accroissement des impôts & la ressource des emprunts ont toujours marché avec le désordre & la dilapidation; qu'ils en ont été la preuve la moins équivoque; & que les Princes qui ont laissé les Finances dans le meilleur état sont précisément ceux au nom desquels il a été levé moins d'impôts.

Henri IV, qui fut comme Louis XII, le pere de ses Sujets, combla le vuide immense que de longs malheurs & une guerre ruineuse avoient dû nécessairement opérer, & remplit les coffres du Trésor Royal: cependant quelle différence entre les subsides qui avoient lieu de son temps & ceux qui se perçoivent aujourd'hui; mais Henri IV possédoit un Ministre sage, actif, laborieux, incorruptible qui avoit des vues profondes & dont l'austérité des mœurs garantissoit les vues honnêtes: en un un mot, Henri IV avoit un Sully.

La progression des impôts a été tellement rapide, que la France se voit menacée de succomber sous le fardeau qu'elle supporte depuis trop long-temps. Que devoient faire les Parlemens & qu'ont-ils fait? Continuellement placés, par les projets irréfléchis des Ministres de Votre Majesté, dans la cruelle alternative ou de résister au vœu du Gouvernement, ou de compromettre les droits de la Nation; ils n'ont pu se dissimuler que les pouvoirs qui leur avoient été confiés aux Etats de Blois, devoient avoir un terme; ils ont cru avec raison que l'Assemblée des Etats Généraux pouvoit seule offrir au Monarque des fecours proportionnés au befoin de l'Etat : ils en ont donc demandé la convocation. Quelle propofition dut être plus agréable à un Roi aimé de fon Peuple ? Cependant ce mot n'eft pas plutôt prononcé que le Parlement de Paris eft transféré à Troyes. On le rappelle ; Votre Majefté annonce une *Séance Royale pour entendre fon Parlement fur deux grands actes d'adminiftration & de Légiflation.* Votre Garde des Sceaux déclaré au nom de Votre Majefté, & en fa préfence, que ce font des fuffrages libres qu'elle vient recueillir ; deux Magiftrats fe confient en cette parole Royale & rempliffent le devoir religieux qu'elle leur impofe, on les renferme dans des Châteaux : un Prince de votre Sang ofe parler avec cette noble liberté qui convient à fon rang, il eft exilé.

Les actes effrayans du pouvoir abfolu fe multiplient. Sur le moindre prétexte des Lettres de cachet fe diftribuent ; on n'entend parler que de profcriptions, que d'emprifonnemens. La liberté violée dans toutes les parties du Royaume, excite des réclamations générales qu'on n'écoute pas. Tous les Corps fe plaignent, & les motifs de plaintes ne font qu'augmenter. Les coups de l'autorité furprife continuent de fraper aveuglément fur les Citoyens de tous les Ordres, mais s'apéfantiffent particuliérement fur les Magiftrats : le Sanctuaire même des Loix n'eft plus un lieu de fureté pour eux. L'innocence n'a plus d'afyle : bientôt elle n'aura plus d'appui. Une foldatefque effrénée fe permet toute forte de violences ; fe livre à tous les excès dans le lieu deftiné à les punir. Toute la France, SIRE, a frémi d'horreur en apprenant la fcene fcandaleufe dont le Palais de la Capitale du Royaume a été fouillé par l'enlévement de MM. d'Efpremenil & Goeflard, arrachés à main armée des bras de la Juftice même.

Ces excès, dont les minifteres les plus deteftés n'offrent point d'exemple, n'étoient, pour ainfi dire, que l'annonce de ceux aufquels devoient fe porter les deftructeurs de la Monarchie Françaife. Des Miniftres prévaricateurs fe liguent contre la Magiftrature, dont la fermeté leur oppofe un obftacle qu'ils défefperent de vaincre, conjurent contre les Loix qui leur offrent une barriere qu'ils croient, dans leur préfomptueufe ignorance, plus facile à rompre qu'à franchir. Aveugles despotes, ils embrassent les colonnes de l'antique & majestueux édifice qu'ils ont résolu de renverser ; l'ébranlent avec fureur pour essayer leurs forces, & pourvu que tout périsse avec lui, ne craignent pas de s'ensévelir eux-mêmes sous ses ruines.

Leurs projets leur semblent à eux-mêmes si révoltans qu'ils craignent de confier leur fatal secret à ceux dont ils sont obligés de se servir. Les Commissaires choisis pour coopérer à la révolution machinée sous le voile d'un mystere impénétrable, se trouvent porteurs de paquets cachetés, qu'il ne leur est permis d'ouvrir que dans l'intérieur du Palais, au moment où l'exécution des ordres que ces paquets contiennent, ne peut plus être différée.

En acceptant une pareille commission, sans savoir en quoi elle consiste, mais dont ils ne pouvoient méconnoître l'objet, ces agens secondaires se livrent les premiers à ce honteux asservissement par lequel le despotisme avilit tous ceux qu'il soumet ou qu'il emploie.

Enfin le Code du despotisme va paroître. Qui le méconnoîtroit à sa promulgation ? Tout jusqu'à la maniere dont la transcription en sera faite sur les registres, portera le caractere dégradant qui ne convient qu'à lui seul : tout annonce plutôt une conspiration contre les Loix, qu'un acte de législation, que la publication d'une Loi.

Au même jour & à la même heure dans toutes les Provinces du Royaume, le Temple de la Justice est investi, est assiégé. C'est ainsi que des ordres cruels armerent le fanatisme d'un poignard homicide. Mêmes moyens ; mêmes précautions ; une moitié de la Nation a le glaive levé sur l'autre. Un silence effrayant couvre le projet jusqu'à l'instant marqué pour son exécution. Dans un seul jour, enfin, des Satellites s'emparent de tous les Tribunaux, & frapent la Magistrature & les Loix.

Ah, SIRE ! des jours que les l'Hopital, les de Thou, auroient voulu, au prix de leur sang, effacer des annales françaises, devoient-ils nous être rappellés par la politique sombre de vos Ministres, lors même que Votre Majesté s'occupe à couvrir de sa main bienfaisante les traces sanglantes que des siecles n'ont pu encore effacer.

C'est insulter tout à la fois le Législateur & son ouvrage, que de transformer un acte de violence & de destruction dans un acte législatif. Non, SIRE, ce n'est point ainsi, ce n'est point à main armée que se promulguent des Loix. *Leur force*, dit énergiquement un Magistrat dont les principes auroient dû être plus respectés par votre Garde des Sceaux (a); *vient de leur juste disposition ; elles portent avec elles le respect dû à leur auteur, sans qu'elles aient besoin d'une autre force que celle de ce respect même, pour être reçues avec l'applaudissement & la soumission qu'elles méritent.*

Quel peut être, SIRE, le prétexte d'une entreprise formée avec tant de mystere & exécutée avec tant d'éclat? Seroit-ce l'usage que les Parlemens ont fait du pouvoir que la Nation leur a mis entre les mains? Seroit-ce la résistance courageuse qu'ont éprouvé vos Ministres, & que commandoit l'intérêt de votre gloire? Seroit-ce le refus d'enregistrer des impôts que votre Peuple est hors d'état de supporter? Seroit-ce la déclaration de ne vouloir prendre aucune part à la transcription illégale d'un Edit destiné à n'offrir au Gouvernement que la continuation d'une ressource qui a fait sa ruine?

Le pouvoir monarchique est sans cesse en action. Si le Prince, revêtu de ce pouvoir, étoit libre de placer au-dessus des Loix & dans le dépôt même destiné à les recevoir, tous les actes momentanées de sa volonté absolue, le dépôt le plus précieux n'offriroit bientôt plus qu'un assemblage, un cahos monstrueux de diplômes incohérens, de titres informes, de rescrits contradictoires. Chaque Regne, disons plus, chaque ministere se signaleroit par quelque opération nouvelle destructive des Loix. Par cela même que chaque Prince pourroit arbitrairement changer l'ordre qu'auroient établi ses prédécesseurs, il n'y auroit plus rien de certain, rien de stable; il n'y auroit plus que désordre & confusion; il n'y auroit plus de Loix; la constitution seroit renversée.

C'est pour garantir la Monarchie de cet affreux bouleversement que sont établies les formes essentielles de l'enregistrement & de la vérification.

(a) M. de Lamoignon, Premier Président au Parlement de Paris, qui fut la gloire de sa Maison, & que la Magistrature s'honorera toujours d'avoir possédé.

Cette vérification, SIRE, ne consiste point dans une vaine formalité, dans une simple transcription sur les registres. Vérifier de nouveaux Edits, c'est en faire un examen attentif; c'est en discuter les motifs, en calculer les résultats; c'est en comparer toutes les dispositions avec les Loix anciennes & constitutionnelles de l'Etat; voir quel effet on en peut attendre, en pressentir le danger, ou s'assurer de l'utilité que la Nation peut s'en promettre.

Les persécuteurs de la Magistrature qui attaquent ses prérogatives ne pourroient eux-mêmes contester la légitimité des pouvoirs que les Parlemens tiennent de la Nation, & qui ont été solemnellement reconnus aux Etats Généraux de Blois. La Nation rassemblée ne se borna pas à déclarer qu'elle considéroit les Parlemens *sous une forme des trois Etats raccourcis au petit pied*, en qui résidoit le pouvoir de *suspendre, modifier, refuser les Edits;* elle se plaignit au Monarque des obstacles qu'on avoit apporté à l'exercice de ce pouvoir: elle lui représenta ce que tous les Princes devroient sans cesse se dire à eux-mêmes, *que les commandemens du Roi, plusieurs fois réitérés ne sont jamais nécessaires quand les Edits sont justes & bons.* Voilà en faveur de tous les Parlemens de France, un titre que l'Autorité Royale ne peut méconnoître.

En Bretagne, nous avons de plus le Contrat National qui garantit aux Cours Souveraines de la Province, le droit de vérification & d'enregistrement. *Aucuns Edits, Déclarations, Commissions, Arrêts du Conseil,* &c. porte expressément l'art. 22 de ce Contrat, *n'auront aucun effet s'ils n'ont été consentis par les Etats & vérifiés par les Cours Souveraines de la Province.* Le Droit Public de Bretagne se réunit donc au Droit National de la France pour consacrer l'attribut essentiel dont on a entrepris de dépouiller, dans un même jour, tous les Parlemens du Royaume.

SIRE, les ennemis de la Nation & de vos propres intérêts ont pu seuls calomnier la résistance des Parlemens, & la présenter à Votre Majesté comme le résultat d'une confédération dangereuse propre à soulever les peuples contre votre autorité. Jamais la puissance royale n'a eu de plus zélés défenseurs que les Cours Souveraines

raines

raines, dont on affecte de méconnoître le zele, & dont on voudroit rendre la fidélité suspecte.

Que l'on parcoure l'Histoire des Regnes les plus orageux, on verra d'indignes Ministres trahir tout à la fois & déshonorer leurs Maîtres; des Courtisans comblés des bienfaits du Monarque, se liguer avec les ennemis de la Couronne; & au milieu des factieux, les Parlemens toujours attachés à la Loi & au Prince qu'elle place sur le Trône, soumettre le peuple par leur exemple; faire rougir plus d'un Grand par la noblesse de leurs procédés; par leur fermeté inébranlable, imposer aux rebelles & désarmer les ligueurs. On verra sur-tout le Parlement de Bretagne donner à tout le Royaume l'exemple de la fidélité. On le verra mépriser tous les dangers auxquels pouvoient l'exposer son dévouement aux intérêts d'Henri IV; garder religieusement les clauses de notre Contrat; se partager & se répandre pour le porter dans toute la Province; rallier tous les Bretons sous cette honorable Banniere; & malgré tous les efforts du Duc de Mercœur, défendre avec un courage invincible & faire triompher glorieusement les droits & la cause de la Maison de France.

Les Magistrats, SIRE, appaisent ou punissent les conjurations, ils ne les forment pas.

Lorsque la Magistrature effrayée de la masse d'impôts qui accable le Peuple, regrete d'avoir coopéré à les établir; lorsque, s'interrogeant sur les pouvoirs qu'elle a reçu de la Nation, elle voit qu'elle en a excédé les bornes; lorsqu'elle sent que cette faute est la principale cause de tous nos malheurs, & qu'elle a le courage de l'avouer, vos Ministres osent-ils bien, SIRE, l'accuser d'aspirer au pouvoir aristocratique? Quels Aristocrates que ceux dont l'autorité ne consisteroit que dans une négation de pouvoirs! Quels Aristocrates que ceux dont toute la puissance résideroit dans la Loi qui s'éléveroit contre leurs prétentions! Il est donc évident que la Magistrature est calomniée par ceux qui veulent avoir un prétexte pour la détruire.

Si les Parlemens avoient abusé des pouvoirs que la Nation leur a confiés, c'étoit en présence de la Nation & par elle qu'ils en devoient être dépouillés : si le droit de vérifier les Edits du Monarque devoit leur être enlevé, c'étoit par elle, ou de concert avec elle, que devoit ſe former le Corps Politique deſtiné à les remplacer. Des changemens qui décident du ſort entier du Royaume, ne pouvoient être propoſés & admis que dans l'Aſſemblée des Etats Généraux, dont les Parlemens eux-mêmes ont conſtamment demandé la convocation. La criſe où ſe trouve le Gouvernement; le déficit énorme qui alarme ſur ſon crédit & qui accuſe ſon adminiſtration; les ſecours dont Votre Majeſté déclare avoir beſoin, & qu'Elle ne peut trouver que dans les derniers efforts d'une Nation généreuſe & idolâtre de ſes Rois; en un mot, le danger preſſant de la choſe publique exigeoit cette convocation, devenue aujourd'hui indiſpenſable.

Et vos Miniſtres, au lieu d'aſſembler vos Peuples, les frapent d'épouvante; ſement par-tout la terreur & la conſternation; prétendent nous impoſer des Loix, comme on leve une contribution ſur un Pays ennemi; conjurent la perte entiere de la Magiſtrature, que Votre Majeſté avoit rétablie dans tout ſon éclat; arrêtent de détruire votre propre ouvrage, & exécutent leurs projets deſtructeurs avec une audace qui ajoute encore au ſcandale de l'opération.

Le plus fameux des impoſteurs, le plus oppreſſeur des tyrans, qui ne devoit pas trouver des imitateurs parmi les Miniſtres d'un Roi bienfaiſant & juſte, a parcouru, le glaive d'une main, ſon Code de l'autre, un pays peuplé de barbares; mais c'étoit moins pour publier des Loix que pour donner des chaînes : il a fait des eſclaves, il n'a pas conquis un ſujet. Le Code français doit-il donc ſe réformer comme l'iſlamiſme s'eſt établi? C'eſt le renverſement & non la réformation de nos Loix que pourſuit le deſpotiſme miniſtériel. En légiſlation, la ſageſſe ſeule crée : la force & la violence n'ont qu'une vertu deſtructive. En faiſant marcher des armées, ceux qui abuſent ſi audacieuſement de la confiance de Votre Majeſté peuvent aſſervir vos Sujets, mais non leur dicter des Loix.

Comment en effet conſidérer comme des Loix les actes dont on a ſouillé les regiſtres de tous les Tribunaux de la Nation? La Loi apprend à reſpecter les Magiſtrats : & les Ordonnances, Edits & Déclarations que la force a placés dans le dépôt de la legiſlation, n'offrent, soit qu'on les considere dans leur ensemble, soit qu'on s'arrête à leurs dispositions particulieres, que l'indigne projet d'avilir la Magistrature française; d'abâtardir les Tribunaux souverains; de corrompre les Tribunaux du second ordre; & d'élever sur la ruine des uns & des autres un Conseil domestique dont l'établissement seul seroit une violation manifeste de la constitution monarchique.

Non, SIRE, nous en attestons le cri de l'honneur indigné qui s'est élevé de toutes les parties de la France & a retenti dans la Capitale du Royaume; non, ces odieux Tribunaux ne seront point formés: les funestes projets des ennemis de la Magistrature ne seront point accomplis. S'ils persistent à soutenir que l'exécution en pourroit être avantageuse, ils vous trompent: ils vous en imposent, s'ils osent assurer qu'elle est possible. Tout s'éleve pour proscrire cette entreprise audacieuse. Ce ne sont pas seulement les Corps les plus distingués de l'Etat qui réclament contre elle: il n'est pas un Ordre, pas une classe de Citoyens, dont la voix ne vous la dénonce comme un crime, & ses auteurs comme les ennemis déclarés du Monarque & de la Nation.

Que vos Porteurs d'ordres parcourent, s'ils l'osent, toute la Bretagne; qu'ils assiegent tous les Tribunaux de la Province, par tout ils trouveront des Magistrats incorruptibles; des Jurisconsultes insensibles à tout autre intérêt qu'à celui des Loix; une Noblesse brave & généreuse, toujours prête à verser son sang pour la Patrie & le Prince qui en est le pere; en un mot des Sujets fideles inviolablement attachés à votre Personne, aussi jaloux de votre gloire que de leur liberté, également disposés à se sacrifier pour la défense des véritables intérêts de Votre Majesté & pour le maintien de leurs droits; mais pas une ame assez vile pour accepter, contre sa conscience & le cri de l'honneur, une Place fondée sur les débris de la Magistrature & des Loix.

Nous sommes Bretons, nous sommes Français: à ce double titre, nous avons un double intérêt à réclamer. Nous sommes unis à une Monarchie, sera-t-elle détruite? Nous avons une Constitution particuliere; sera-t-elle violée?

LA MONARCHIE EST DÉTRUITE.

En nous uniſſant à la France, nous avons conſenti à devenir une partie intégrante d'un Royaume gouverné par des Loix fondamentales: attaquer ces Loix, c'eſt donc porter atteinte au principe même d'une aſſociation qui n'a été formée & qui ne peut exiſter qu'entre deux Etats libres. Renverſez la Monarchie, l'union eſt détruite. Et comment pourroit-elle ſubſiſter, quand le corps auquel ſeul nous ſommes unis ne ſubſiſteroit plus ?

Oſeroit-on ſoutenir qu'une révolution qui ne peut s'opérer que le glaive à la main, ne porte pas une atteinte manifeſte à la conſtitution Monarchique..... Qu'eſt-ce qu'un Monarque ? Le Chef d'une Nation libre. En ſes mains réſide la puiſſance publique, mais ſa volonté ne forme pas cette puiſſance. *Il gouverne ſeul, mais par des Loix fixes & établies*, & c'eſt en quoi il differe du deſpote, qui, *ſans Loi & ſans regle, entraîne tout pour ſa volonté & par ſes caprices* (*a*).

Les Loix ſont donc la ſauve-garde d'un Etat régi par un Monarque, comme la Magiſtrature eſt la ſauve-garde des Loix. L'inamovibilité de l'une, la ſtabilité des autres, voilà les titres indiviſibles qui aſſurent au Prince ſa Couronne, au peuple ſa liberté. Qu'on les anéantiſſe ou qu'on les méconnoiſſe & tout eſt ſubverti. Point de Magiſtrats, ſi le ſort des Tribunaux dépend du pouvoir arbitraire ; point de Magiſtrats, point de Loix ; point de Loix, point de Monarchie.

On doit apprendre aux Princes, dit un Prélat vraiment digne d'être leur guide, *que le pouvoir ſans bornes eſt une frénéſie qui ruine leur propre autorité. Quand les Souverains*, continue le ſage Fénélon (*b*), *s'accoutument à ne connoître d'autres Loix que leurs volontés abſolues, ils ſapent le fondement de leur puiſſance.* Il *viendra une révolution ſoudaine & violente.....*

Non, SIRE, cette révolution déſaſtreuſe ne s'effectuera point. Nous nous placerons entre vos Miniſtres & le Trône qu'ils veulent ébranler : nous le ſoutiendrons contre leurs coupables efforts, & la Nation ſera

(*a*) Monteſquieu, liv. 2, chap. 1, de la Nature des trois divers Gouvernemens.

(*b*) Directions pour la conſcience d'un Roi, au ſecond Supplément.

préservée des malheurs qu'il ne nous est pas permis de prévoir & que votre sagesse s'empressera de prévenir.

De la nature même du Gouvernement Monarchique, résulte la nécessité de différens Corps intermédiaires dont l'existence & les pouvoirs tiennent essentiellement à sa constitution. Où regne la Loi il faut un dépôt pour la conserver; des Magistrats inamovibles pour la maintenir. Toutes les mains ne sont pas également dignes de recevoir ce dépôt sacré. *Il ne peut être remis*, dirons-nous avec Montesquieu, *qu'à des Corps Politiques qui annoncent les Loix lorsqu'elles sont faites, & les rappellent lorsqu'on les oublie; qu'à un Corps qui les fasse sans cesse sortir de la poussiere où elles seroient ensévelies.*

En France, c'est aux Parlemens que la garde des Loix est spécialement confiée. Ce sont eux qui se trouvent chargés d'en maintenir l'exécution; d'empêcher qu'on ne leur porte aucune atteinte; & de les rappeller au Monarque lui-même, si les hommes corrompus qui trop souvent l'entourent pouvoient réussir à les lui faire oublier.

Le Conseil du Prince, dit Montesquieu, *n'est pas un dépôt convenable; il est par sa nature le dépôt de la volonté momentanée du Prince qui exécute, & non pas le dépôt des Loix fondamentales. De plus, le Conseil du Monarque change sans cesse: il n'est point permanent. Il ne sauroit être nombreux; il n'a point, à un assez haut degré, la confiance du peuple. Il n'est donc pas en état de l'éclairer dans les temps difficiles, ni de le ramener à l'obéissance.* *

* livre 2 chap. 4.

Si *le Conseil* ordinaire du Prince ne peut jamais être regardé comme *un dépôt convenable*; comment le Tribunal extraordinaire qu'on veut ériger, pourroit-il convenir?

Le Conseil du Prince n'a point à un assez haut degré la confiance du peuple; le projet d'établir ce qu'on appelle *Cour Pléniere* excite l'indignation publique.

Le Conseil du Monarque change sans cesse. La preuve que l'état des Membres qui composeroient la Cour Pléniere, ne seroit pas plus assuré, c'est que par l'Edit même qui l'a crée, on pourvoit aux moyens de remplacer arbitrairement des classes entieres dont elle seroit formée.

Le Conseil du Prince n'est point permanent; la Cour Pléniere le feroit-elle davantage ?

Le Conseil du Prince ne sauroit être nombreux. Osons assez espérer de la Nation, pour croire que la Cour Pléniere le seroit encore moins.

Le Gouvernement ne peut sérieusement espérer qu'une portion précieuse du premier Parlement du Royaume, que la Grand'Chambre du Parlement de Paris puisse se résoudre à entrer dans un pareil Tribunal ; il n'a pu également compter sur les Députés des autres Parlemens, & croire que des Magistrats fussent capables d'accepter une semblable commission.

A la Cour, il est encore beaucoup d'hommes qui savent qu'un nom n'est jamais grand, s'il n'est sans tache. Ceux-là n'accepteront pas une commission à laquelle le déshonneur est attaché.

Le Conseil s'honore de posséder plus d'un magistrat vertueux ; mais ce ne sont point de tels hommes qui concourront à former la Cour Pléniere.

Cette Cour seroit donc destinée à devenir le réceptacle des ambitieux qui regardent les Offices dont ils sont pourvus comme un moyen de parvenir, de quelque maniere que ce soit, à une grande fortune ou à de hautes dignités ; le refuge des hommes déshonorés, ou qui ne craindroient pas de l'être, & où siégeroient les Commensaux de la Maison de Votre Majesté étonnés eux-mêmes de se voir revêtus du caractere de Magistrat !

Le Conseil est par sa nature le dépôt de la volonté momentanée du Monarque. La Cour Pléniere seroit celui de la volonté absolue & arbitraire du Prince.

Quand on n'auroit pas fait annoncer par Votre Majesté que dans toutes les séances où elle assistera en personne, les suffrages ne doivent pas être comptés, & que par conséquent il n'y aura jamais de délibération ; quand les Citoyens courageux ne seroient pas intimidés par l'exemple effrayant de deux Magistrats enlevés pour avoir librement opiné à une Séance Royale où ils étoient interrogés par Votre Majesté elle-même, les Séances de la Cour Pléniere seroient-elles autre chose qu'une assemblée de Courtisans appellés aux pieds de leur Maître, pour entendre ses volontés suprêmes ? Qui oseroit y parler le langage de la Loi ? Les Membres d'un Tribunal que toutes les Loix réprouvent ! Qui défendroit la cause du peuple ? Des hommes chargés de ses dépouilles ! Qui combattroit l'établissement d'impôts désastreux ? Ceux qui ne sont accoutumés à ne voir dans les subsides que des moyens de mettre le Gouvernement en état de les soudoyer ! Qui se plaindroit du désordre des finances ? Ceux qui s'enrichissent de leur dilapidation.... !

Montesquieu conclut que le Conseil du Prince ne seroit pas en état d'éclairer le peuple dans des temps difficiles, ni de le ramener à l'obeissance. Ah ! SIRE, où en seroit l'Empire Français, si ces temps désastreux pouvoient jamais renaître ? Dans ces momens de troubles, pourroit-on dire au peuple : Vous avez des Loix, en voilà les gardiens, en voilà les Ministres ? Dans les Membres de la Cour Pléniere, qui est-ce donc qui reconnoîtroit le noble cortege de la Loi ?

Le principe de la Monarchie se corrompt, s'écrie l'immortel Auteur de l'Esprit des Loix, *l'orsqu'on ôte peu à peu les prérogatives des Corps... lorsque les premieres dignités sont les marques de la premiere servitude, lorsqu'on ôte aux grands le respect des pleuples, & qu'on les rend de vils instrumens du pouvoir arbitraire.*

Il se corrompt encore plus, lorsque l'honneur a été mis en contradiction avec les honneurs, & que l'on peut être à la fois couvert d'infamie & de dignités.

La Monarchie se perd, continue toujours Montesquieu, *lorsqu'un Prince croit qu'il montre plus sa puissance en changeant l'ordre des choses, qu'en le suivant; lorsqu'il ôte les fonctions naturelles des uns pour les donner arbitrairement à d'autres.*

La Monarchie se perd, lorsqu'un Prince méconnoît son autorité..... lorsqu'il ne sent pas bien qu'un Monarque doit se juger en sureté comme un despote doit se croire en péril.

Ces vérités ont été écrites pour les bons Rois, daignez, SIRE, les entendre pendant qu'il en est temps encore.

Si la Monarchie se corrompt, se dissout, se perd, *lorsqu'on ôte peu à peu les prérogatives des Corps*, nous ne pourrions sans crime le dissimuler à Votre Majesté, la Monarchie est détruite aussi-tôt que la subversion se consomme avec éclat.

La Monarchie est détruite, dès que par une révolution subite & violente les Corps Politiques placés entre le Monarque & le Peuple, qui comblent le vuide immense que le despote laisse entre lui & ses esclaves, sont entiérement dépouillés de leurs attributs essentiels, anéantis ou dégradés. Et on interdit aux Tribunaux de la Nation jusqu'au droit de porter leurs réclamations aux pieds du Trône; dans un seul jour on en ferme toutes les avenues. Le droit de recours direct au Souverain qui appartient essentiellement à tous les Membres d'une Nation libre, est transformé dans un privilege exclusif dont on gratifie la Cour Pléniere.

Les Remontrances des Parlemens & des autres Cours Souveraines, *sur les inconvéniens locaux des différens Ressorts*, ne pourroient plus être présentées au Roi que par l'intercession du nouveau Tribunal, & *s'il en étoit par lui ainsi délibéré.* Ce qui conséquemment l'autoriseroit toujours à se mettre entre le Monarque & ses Peuples. Cette seule disposition dévoile les sinistres projets des Ministres de Votre Majesté. A-t-on bien osé publier que les Remontrances déposées dans son sein royal seroient désormais soumises à une indigne censure? A-t-on bien osé emprunter la voie législative pour annoncer à toute la France que toute communication directe alloit désormais être interrompue entre le Monarque & ses Sujets? Renfermé dans son Palais, entouré de ses Ministres, ou de leurs créatures, le Prince ne verra donc plus, n'entendra donc plus que des hommes intéressés à le tromper!

La Monarchie est détruite, *lorsque les canaux moyens par où coule la puissance* sont obstrués ou rompus.

La Monarchie est détruite, lorsque toutes les avenues du Trône sont gardées & les Temples de la Justice fermés, lorsque la Loi n'est plus qu'un vain nom, la Magistrature un vain titre. Et nous devons, SIRE, le dire hautement: s'ils ne sont rétractés, s'ils ne tombent de vos mains, ces Edits désastreux contre lesquels nous réclamons, il n'y a plus de Magistrature en France, il n'y a plus de Loix.

Quelles

Quelles Loix subsisteroient encore, lorsque leur dépôt est violé; lorsque les Dépositaires sont dispersés, exilés, outragés? Quelles Loix subsisteroient, lorsque leur sanctuaire est profané; lorsqu'il n'y a point de violences, point d'excès qu'on ne se soit permis contre ceux qui étoient chargés de les maintenir? Quelles Loix subsisteroient, lorsque tous les Citoyens craignent pour leur liberté & tremblent pour leurs propriétés; lorsque les biens sont menacés d'impôts désastreux & les personnes de Lettres de cachet? Quelles Loix subsisteroient, lorsque le despotisme ministériel n'en connoît, n'en respecte aucune; lorsqu'à leur immuable volonté qui protege tout, on substitue la volonté momentanée du Prince qui asservit tout? Quelles Loix subsisteroient, lorsque, sans égard aux cris de la Nation, les Tribunaux à qui elle avoit confié le droit de vérification & d'enregîtrement, se trouvent anéantis; lorsque ce droit est attribué au Conseil que le Prince juge à propos de se composer lui-même, & où les Commensaux de sa Maison ont entrée, séance & voix délibérative? Quelles Loix subsisteroient, lorsque les Edits du Monarque n'en portent plus le sacré caractere; lorsque leur enregîtrement n'est plus qu'une vaine & dérisoire formalité; lorsque leur publication s'annonce comme un fléau public; lorsque des Ministres despotes les fabriquent, & des Soldats les promulguent? Quelles Loix subsisteroient, lorsque les Ministres ne connoissent de pouvoir que celui qui favorise leur puissance; lorsqu'au moment que tous les Parlemens du Royaume déclarent n'avoir pas le droit d'autoriser la levée d'un nouvel impôt, ni d'engager l'Etat au paiement de nouveaux emprunts, on prétend conférer aux Officiers de la Maison du Prince ce pouvoir dangereux que la Nation ne verroit pas sans inquiétude dans les mains de l'antique Magistrature Française, & qu'elle ne peut voir qu'avec indignation dans celles d'une Cour qu'elle ne doit envisager ni comme Corps Politique, ni même comme simple Tribunal judiciaire? Quelles Loix subsisteroient, lorsqu'on porte atteinte aux Loix fondamentales de l'inaliénabilité du domaine de la Couronne, lorsque, dans la crise effrayante où le Gouvernement obéré doit se reprocher d'avoir abusé de la ressource ruineuse des emprunts, on ne cherche qu'à fournir aux Miniſtres les moyens d'en abuſer plus facilement encore, en autoriſant le Prince à gréver les fonds de l'Etat, comme un ſimple particulier hypotheque ſon patrimoine; en plaçant les emprunts au nombre des moyens de ſimple adminiſtration, ſujets ſeulement à l'enregîtrement de la Chambre des Comptes, *pour ce qui concerne la comptabilité* ? Quelles Loix ſubſiſteroient, lorſque les Loix civiles ſont ſans force, & les Loix criminelles ſans vigueur; lorſque l'influence miniſtérielle peut juſtifier le coupable & perdre l'innocent; lorſque les cachots deſtinés au crime deviennent le ſejour de la vertu? Quelles Loix ſubſiſteroient, lorſqu'il ne ſubſiſte plus de Tribunaux où l'on puiſſe honorablement les invoquer; lorſque, dans le déſordre anarchique où toute la France eſt plongée, le Gouvernement lui-même donne l'effrayant & ſcandaleux exemple d'oppoſer la force à la réſiſtence qu'autoriſent les Loix; lorſqu'en un mot, un odieux deſpotiſme avilit tout, attaque tout, ſubjugue tout, renverſe tout.

Qui pourroit dire que la Monarchie ſubſiſte encore !. . . . . . .
Il eſt donc trop vrai, SIRE, que la Monarchie Françaiſe eſt détruite.

Faut-il prouver que la conſtitution particuliere de la Bretagne eſt violée?

LA CONSTITUTION DE LA NATION BRETONNE EST VIOLÉE.

La Loi fut toujours le premier Souverain de la Bretagne: nos anciens Ducs ne régnoient que par elle. C'étoit au milieu de la Nation aſſemblée qu'ils jettoient les fondemens de leur autorité; qu'ils ſe revêtoient de toute leur puiſſance; qu'ils formoient de glorieux établiſſemens; qu'ils aboliſſoient ceux qui pouvoient être dangereux ou inutiles; qu'ils corrigoient les mœurs; qu'ils réformoient les anciennes conſtitutions ou les modifioient par de nouvelles. Et dans ces Aſſemblées auguſtes le Prince n'avoit pas à craindre les dangers auxquels il peut être expoſé dans un Comité Miniſtériel. Le menſonge & la flatterie fuient la lumiere, la vérité ſeule ſoutient majeſtueuſement une diſcuſſion publique & éclairée.

C'eſt ainſi que la Bretagne jouiſſoit de tous les avantages qu'une ſage conſtitution procure au Souverain & à ſes peuples, lorſque la Ducheſſe Anne épouſa ſucceſſivement deux Rois de France, Charles

VIII & Louis XII, & par ces deux mariages consécutifs prépara l'union des deux Couronnes.

Maîtresse de donner sa main aux Monarques Français, la Duchesse de Bretagne ne pouvoit disposer des Etats dont elle étoit Souveraine, ni en compromettre les droits & les franchises. Son Contrat de mariage avec Louis XII fut un premier hommage rendu à ces principes.

« *En tant que touche de garder & conduire le Pays de Bretagne & Sujets d'icelui*, porte l'article 1er de ce Contrat, *en leurs Droits, Libertés, Franchises, Usages, Coutumes & Styles tant au fait de l'Eglise, de la Justice, comme Chancellerie, Conseil, Parlement, Chambre des Comptes, Trésorerie générale & autres de la Noblesse & commun Peuple, en maniere qu'aucune nouvelle Loi ou constitution n'y soit faite, fors en la maniere accoutumée par les Rois & Ducs prédécesseurs de notredite Cousine la Duchesse de Bretagne; que nous voulons, entendons & promettons garder & entretenir ledit Pays & Sujets de Bretagne en leursdits Droits & Libertés, ainsi qu'ils en ont joui du temps des feus Ducs predécesseurs de notredite Cousine* ».

Les Droits, Franchises & Libertés de la Bretagne doivent donc être maintenus dans leur intégrité. « *Aucune Loi nouvelle, aucune Constitution n'y doit être faite, fors en la maniere accoutumée* ». Quelle est cette maniere accoutumée? L'art. 6 du même Contrat leve à cet égard toute équivoque.

« *En tant que touche que s'il avenoit que de bonne raison, il y eût quelque cause de faire mutation particuliere, en augmentant, diminuant ou interprétant lesdits Droits, Coutumes, Constitution, ou Etablissemens, que ce soit par le Parlement & Assemblée des Etats dudit Pays, ainsi que de tout temps est accoutumé & qu'autrement ne soit fait. Nous voulons & entendons qu'ainsi se fasse appellés toutefois les Gens des Trois Etats* ».

Les Droits, Coutumes, Constitutions ou Etablissemens de la Bretagne, ne peuvent donc souffrir aucune altération, aucun changement : ils ne sont même susceptibles de modification quelconque, que par le concours & dans l'Assemblée de la Nation. Les prétextes dont on ne manque jamais de colorer toutes les innovations ont été prévus & ils ne peuvent dispenser des formes prescrites par la Constitution Nationale. L'avantage qu'on pourroit se promettre d'une institution nouvelle, la nécessité de supprimer ou de réformer d'anciens établissemens peuvent devenir un motif plus ou moins pressant d'assembler les Etats, mais qui ne peut soustraire à l'obligation de demander & d'obtenir leur consentement.

« S'il avenoit que de bonne raison il y eût quelque cause de faire mu- » tation particuliere...... Qu'ainsi se fasse appellés toutes fois les Gens » des Trois Etats par le Parlement & assemblée des Etats dudit Pays, » ainsi que de tous temps est accoutumé, & qu'autrement ne soit fait.

Les mariages de la Duchesse Anne n'avoient établi entre la France & la Bretagne qu'une union imparfaite, & que le droit de succession pouvoit seul perpétuer dans la Maison de France. Mais le regne de Louis XII rendit le Gouvernement Français si cher aux Bretons, qu'ils furent les premiers à provoquer sous le regne de son Successeur l'union inséparable des deux Couronnes. Et voilà comme la sagesse d'un bon Roi fut plus puissante que la politique & les Armées de ses Prédécesseurs.

Rien de plus simple & de plus noble tout à la fois que la maniere dont se fit le Contrat entre le Monarque Français & les Etats de la Province. On y voit éclater cette confiance sans réserve, cette loyale & touchante franchise qui distingue & caractérise les Bretons.

Assemblés à Vannes en 1532, les Etats présentent leur Requête à François Ier, & demandent « *qu'il lui plaise unir & joindre par » union perpétuelle ledit Pays & Duché de Bretagne avec le Royaume » de France, à ce que jamais ne se trouve guerre, dissention ou inimi- » tié entre lesdits Pays, gardant toutefois & entretenant les Droits, » Libertés & Privileges dudit Pays, tout ainsi qu'il avoit plu aux » Prédécesseurs, Rois & Ducs de cedit Pays les y maintenir, garder » & que mondit Seigneur le Dauphin ainsi le jure faire.*

Voilà quelles furent les stipulations convenues & arrêtées par les Etats de Bretagne. La Nation assemblée manifeste elle-même son vœu ; elle consent à devenir une portion de l'Empire Français ; mais c'est l'union & non la confusion des deux Etats qu'elle propose : elle se réserve tous ses Droits, Libertés & Privileges ; elle exige que le Prince jure de les garder & entretenir.

Une pareille Requête étoit de nature à n'être rejettée par aucun Monarque. François Ier, déclare en avoir le « *contenu pour agréable ;* » *il unit & joint ledit Pays & Duché de Bretagne avec le Royaume &* » *Couronne de France perpétuellement, de sorte qu'ils ne puissent être* » *séparés, ni tombés en diverses mains, pour quelque cause que ce puisse* » *être, & proteste vouloir & lui plaire que les Droits & Privileges,* » *que ceux dudit Pays & Duché ont eu par ci-devant, & ont de pré-* » *sent, leur soient gardés & observés inviolablement, ainsi par la* » *forme & maniere qu'ils ont été gardés & observés jusqu'à présent sans* » *y rien changer & innover, dont il ordonne Lettres-Patentes en forme* » *de Chartes leur être expédiées & délivrées*. Enfin le Monarque prête le serment qui devoit sceller cet important Contrat.

Tel est le traité synallagmatique qui assure aux Rois de France la Couronne de Bretagne, comme il garantit à la Bretagne le maintien de sa constitution : & d'âge en âge ce Contrat a été renouvellé par les Rois qui ont occupé le Trône depuis l'union de la Bretagne à la France. Votre Majesté elle-même l'a plus d'une fois ratifié. Rappeller cette suite de Contrats, c'est vous présenter tout à la fois, SIRE, & les titres que nous avons à votre justice, & ceux que vous avez à notre fidélité.

Un des actes les plus importans, & dont la solennité se répete à chaque Tenue, c'est celui où vos Commissaires & des Députés nommés par les Etats jurent, les premiers au nom de Votre Majesté, les autres au nom de la Province, de maintenir l'exécution du Pacte respectif. C'est ainsi que par un serment qui est le vôtre, & traitant librement avec un Peuple libre, vos Commissaires donnent tous les deux ans une nouvelle authenticité à vos engagemens & à ceux de vos Prédécesseurs. Que Votre Majesté n'a-t-elle pu être témoin de l'émotion que cet acte solennel jette dans tous les cœurs Bretons ; de la confiance qu'inspire à chaque Citoyen la lecture du Contrat passé au nom de tous ! Cette confiance seroit-elle trompée ? Non, SIRE, nous ne serons pas les seuls à garder nos sermens......

La derniere époque où les vôtres ont été renouvellés à la face de la Nation, est encore toute récente. C'est le 23 Janvier 1787, que le dernier Contrat a été passé en la Ville de Rennes. Nous en invoquons premiérement l'art. 20, qui porte *que tous les droits, franchises & libertés de la Province seront conservés, & que tous les articles des Contrats faits ci-devant entre le Monarque, ses Commissaires & les Etats, seront exécutés sans aucune contravention, comme s'ils étoient insérés au présent Contrat.*

Secondement, l'article 22 qui dispose qu'*aucuns Edits, Déclarations, Commissions & Arrêts du Conseil, & généralement toutes Lettres Patentes & Brevets contraires aux privileges de la Province, n'auront aucun effet, s'ils n'ont été consentis par les Etats & vérifiés par les Cours Souveraines de la Province, quoiqu'ils soient faits pour le général du Royaume....... & que dans le cas même où les Cours Souveraines de la Province eussent registrés ou vérifiés aucuns Edits, sans le consentement exprès des Etats, ils n'auront aucun effet ni exécution dans la Province.*

Troisiémement, l'article 23 par *lequel il est formellement stipulé qu'il ne sera rien changé au nombre, qualité, fonctions & exercices des Officiers de la Province : ce faisant qu'il ne sera fait aucune création d'Officiers, ni de nouvelles Jurisdictions.*

Ce sont-là, SIRE, les dispositions expresses qu'aux termes de l'art. 40 du même Contrat, vos Commissaires, du nombre desquels il s'en trouve actuellement un Ministre & Secrétaire d'Etat, ont *promis & juré entretenir, accomplir, faire agréer & ratifier par Votre Majesté.*

(*) M. le Comte de Montmorin.

Après avoir fait examiner ce Contrat *en votre Conseil*, Votre Majesté par Lettres-Patentes du 10 Février 1787, l'a effectivement *agréé, approuvé & ratifié;* elle s'est engagée à en maintenir toutes les dispositions, à empêcher qu'il n'y soit porté aucune atteinte ; & en adressant sa ratification en forme de Lettres-Patentes au Parlement & à la Chambre des Comptes, elle leur mande non-seulement de faire *lire, publier & regîtrer ce Contrat, mais d'en garder de point en point le contenu selon sa forme & teneur, sans y contrevenir, ni souffrir qu'il y soit contrevenu.*

Les Cours Souveraines de la Bretagne sont ainsi établies les dépositaires du Contrat National. En leur en confiant la garde, Votre Majesté reconnoît combien sa puissance est intéressée à en maintenir l'exécution : elle charge expressément les Magistrats de *ne souffrir qu'il y soit contrevenu.*

Jamais dépôt plus sacré ne fut confié à des Corps plus dignes d'en être les gardiens. La Chambre des Comptes est le plus ancien Tribunal de la Province. Cette Cour Souveraine existoit long-temps avant l'union de la Bretagne à la France ; & si le Parlement est un établissement postérieur à cette époque mémorable, il n'est pas moins essentiellement lié à notre constitution. Henri II ne l'a créé que sur la demande des Etats, aux termes des Lettres-Patentes confirmatives du Traité, & qui portent que *la Justice sera entretenue en la forme & maniere accoutumée.*

La preuve que la création du Parlement fut délibérée & consentie par les Etats, qu'elle fut provoquée par eux, accordée à leurs pressantes sollicitations, se constate non-seulement par l'Edit de création du mois de Mars 1553, où Henri II reconnoît qu'il auroit reçu de *ses bons & loyaux Sujets les Gens du Pays & Duché de Bretagne, plusieurs plaintes, clameurs, doléances pour lesquelles il auroit été persuadé y établir un Parlement*; mais par l'Edit donné pour l'érection des quatre Sieges Présidiaux dans lequel ce même Prince fait une mention expresse de la Requête qui lui avoit été présentée, *comme puis n'agueres*, lit-on en tête de cet Edit, *les Gens des trois Etats de notre Pays & Duché de Bretagne, nous ayant entre autres choses, fait dire, remontrer & très-humblement supplier qu'il nous plût de nommer, ériger & établir un Parlement ordinaire audit Pays.*

Des Lettres-Patentes du 21 Octobre 1558 par lesquelles le même Henri II supprime, toujours à la demande de la Province, différens Offices de Présidens, Garde des Sceaux, & autres Officiers créés dans les Présidiaux de Bretagne, constatent de plus en plus la vérité que nous venons d'établir. Elles apprennent que les Etats de Bretagne avoient envoyé le 25 Septembre 1552 des *Délégués* à Henri II pour le *requérir d'ériger un Parlement ordinaire en icelui Pays*; que cette premiere démarche n'ayant pas encore eu son effet, ils déléguerent de nouveau en 1553 pour supplier le Prince de *leur octroyer un Parlement ordinaire, suivant leurdite premiere Requête, & qu'en inclinant à icelle*, Henri II *auroit, dès le mois de Mars en suivant, créé & érigé un Parlement ordinaire en icelui Pays.*

Et ce qui mérite particuliérement d'être remarqué, c'est que les Lettres-Patentes de 1558 ont eu précisément pour objet de remédier à un des abus qui excitent actuellement nos justes réclamations. Elles n'ont en effet supprimé, à la demande des Etats, différens Offices de Magistrats & de Juges, que parce que leurs fonctions tendoient à restreindre & à diminuer la compétence du Parlement. *De façon*, portent les Lettres-Patentes, *que si lesdites créations d'Officiers & attribution de Jurisdiction nouvelle avoient lieu, la plus grande partie des causes de nos Sujets seroient vuidées & terminées par lesdits Juges, ce qui seroit par ce moyen tollir à nosdits Sujets la voie d'appel, même ès matieres de grand poids & conséquence, & demoureroit, en ce faisant notredite Cour de Parlement presque inutile audit Pays, pour le bien & en faveur duquel elle y a été par Nous érigée & établie, pour à quoi obvier*, &c.

Il est donc évident, par le titre même de son institution, & par les différens Edits & Lettres-Patentes qui l'ont préparée, accompagnée & suivie, que non seulement le Parlement de Bretagne a été formé & établi à la demande & sur les requêtes des Etats, mais que l'étendue même de sa compétence a été déterminée d'après leur représentation, & conformément à leurs désirs.

Cette influence nécessaire & constitutionelle du vœu national s'est plusieurs fois manifestée, quand il a été question d'introduire dans cette Cour quelques changemens, additions ou réformes ; de fixer le lieu ou de prolonger la durée de ses séances.

Lorsqu'en 1557 Henri II crut devoir compléter le Parlement, par la création d'une seconde Chambre des Enquêtes, & déterminer dans quelle Ville ce Tribunal tiendroit ses séances, c'est de concert avec les Etats que tous ces objets sont réglés.

La

La Capitale de la Province réclame-t-elle contre la translation du Parlement à Nantes ? Ses représentations sont renvoyées par Charles IX, à l'Assemblée des Etats & d'après leur avis, le Parlement se trouve définitivement établi à Rennes.

S'agit-il de prolonger d'un mois les Séances du Parlement ? Cette prolongation en 1579 est accordée à la demande des Etats.

Et pour citer enfin l'heureuse & mémorable époque qui vous mérita, SIRE, le titre glorieux de Restaurateur des Loix, ce fut aux vœux & aux sollicitations des Etats qu'en 1774 le Parlement a été rétabli dans son intégrité. Ah ! SIRE, n'auriez-vous signalé votre avénement à la Couronne par cet acte le plus éclatant de votre Justice ; n'auriez-vous rappellé la Magistrature & rétabli le premier Tribunal de la Nation, que pour souffrir qu'on les détruise ? N'auriez-vous rendu un hommage authentique à la constitution Bretonne, que pour être témoin de son entiere subversion ? Les Dépositaires, les Gardiens de notre Contrat se verront-ils les premieres victimes de sa violation ? Seroit-il possible que dans vos Conseils il se trouvât des hommes assez imprudens, assez perfides pour oser dire à Votre Majesté qu'elle pourroit violer des engagemens si solennellement pris avec ses peuples ; qu'elle pourroit leur donner l'exemple de l'infidélité !

SIRE, nous vous en conjurons, par votre propre intérêt & par celui de vos peuples, daignez écouter un langage plus conforme aux vrais sentimens de votre cœur & le seul qui soit digne de l'attention d'un Roi. C'est la leçon mémorable que réservoit l'Archevêque de Cambrai, à son Auguste Eleve, pour l'époque dangereuse où revêtu du Souverain Pouvoir, il devoit être exposé aux pieges & aux dangers qui vous environnent.

« *Vous avez promis des conditions*, dit ce Prélat aussi cher à la religion qu'à la vraie philosophie (*a*), *c'est à vous à les garder inviolablement. Qui pourra se fier à vous, si vous y manquez ? Qu'y aura-t-il » de sacré, si une promesse si solennelle ne l'est pas ? C'est un contrat fait » avec des peuples pour les rendre vos Sujets : commencerez-vous par violer » votre titre fondamental ? Ils ne vous doivent obéissance que suivant » ce contrat, & si vous le violez.....*

(*a*) Directions pour la conscience d'un Roi, Direction 9.

Ah ! Sire, il est déja violé. Qu'il nous soit permis de le demander, qu'a promis Votre Majesté ? Que tous les contrats faits entre Elle, ses Prédécesseurs & la Bretagne *seront exécutés sans aucune contravention* : & par les nouveaux Edits, on porte une atteinte manifeste aux dispotions les plus essentielles de ces contrats.

Qu'a promis Votre Majesté ? Que *tous les droits, libertés & franchises* des Bretons seroient inviolablement conservés. Un de leurs privileges les plus constans est celui de ne pouvoir être traduits en premiere instance ailleurs que devant leurs Juges naturels; & suivant les nouveaux Edits, le Jugement des forfaitures de tous les Magistrats du Royaume seroit exclusivement dévolu à la prétendue Cour Pléniere. *Elle connoîtroit des forfaiteurs directement & en dernier ressort contre toutes les Cours & Juges supérieurs ou inférieurs, sans aucune exception.* Il est évident que dans cette disposition générale la Bretagne se trouve comprise, ainsi que toutes les autres Provinces de la France. Au moyen de cette attribution plus redoutable cent fois que les évocations illégales dont nous préserve notre constitution, non-seulement chaque Magistrat, mais les Tribunaux entiers, mais les Cours Souveraines de la Bretagne verroient leurs fonctions soumises à la censure, on ne dit pas d'un Tribunal étranger, mais d'un Conciliabule ministériel, à qui on ne peut pas même donner le nom de Tribunal. Là viendroit se confondre tout ce qui porte le caractere de Magistrat, tout ce qui en remplit les fonctions plus ou moins sublimes; Juges supérieurs, Juges inférieurs, Magistrats souverains, Officiers de basses Jurisdictions, tous sans exception comme sans distinction comparoîtroient au même titre devant la prétendue Cour Pléniere, & recevroient en dernier ressort le jugement de leur dégradation.

Qu'a promis Votre Majesté ? Qu'il ne se fera, même *pour bonne raison*, aucune mutation particuliere, en changeant, augmentant ou diminuant les établissemens formés dans la Province, sinon les Gens des trois Etats appellés sur leur Délibération & avec leur consentement : & sans que les Etats aient été consultés, les établissemens les plus importans de la Province sont détruits ou mutilés ; on se permet, non de faire de simples mutations, mais de bouleverser tous les Tribunaux établis en Bretagne.

Qu'a promis Votre Majeſté ? *Qu'aucuns Edits, Déclarations, Commiſſions, Arrêts du Conſeil & Lettres-Patentes; n'auront aucun effet, s'ils n'ont été conſentis par les Etats & vérifiés par les Cours Souveraines de la Province; que dans le cas même où les Cours Souveraines de la Povince, euſſent regîtré ou vérifié aucuns Edits ſans le conſentement exprès des Etats, ils n'auront aucun effet ni exécution en Bretagne.*

Et l'on prétend nous ſoumettre à des Edits qui non-ſeulement n'ont point été adoptés par les Etats, mais ſur leſquels ils n'ont pas même délibéré, & dont la vérification a été interdite aux Cours Souveraines; à des Edits dont la tranſcription militaire & forcée eſt une infraction du Droit National de France, une violation manifeſte du Droit public de Bretagne, un attentat contre notre conſtitution.

Qu'a promis Votre Majeſté ? Ce n'eſt pas ſeulement de maintenir les Magiſtrats dans leurs fonctions, juſqu'à ce qu'il plaiſe à l'Autorité de ſupprimer leurs Offices. L'inamovibilité de la Magiſtrature ne conſiſte point dans un vain mot; le titre même de l'Office eſt à l'abri des ſuppreſſions arbitraires. S'il n'eſt pas perpétuel, il doit être au moins perpétuellement à couvert des entrepriſes miniſtérielles & des abus du pouvoir abſolu.

Votre Majeſté a promis qu'*il ne ſera rien changé au nombre, qualités, fonctions & exercices des Officiers de la Province; qu'il ne ſera fait aucune création d'Officiers ni de nouvelles Juriſdictions*: & tout l'Ordre Judiciaire eſt interverti. Le nombre des Officiers de chaque Tribunal eſt arbitrairement réduit ou augmenté, ſuivant que le projet d'humilier la Magiſtrature demande réduction ou accroiſſement; leur qualité eſt dégradée; leurs fonctions ſont avilies; l'exercice entier de leurs pouvoirs eſt ſuſpendu; on crée de nouveaux Offices, on forme des Juriſdictions nouvelles. On ſupprime les Préſidiaux qu'on transforme en grands Bailliages; on ſupprime les Juriſdictions Royales dont on forme enſuite autant de Préſidiaux; on établit en faveur des uns & des autres ſur les Juſtices des Seigneurs que votre Majeſté reconnoît pour une propriété ſacrée, à laquelle Elle déclare n'avoir intention de porter aucune atteinte, une *prévention & concurrence* qui en ſubordonnent entiérement le ſort à la volonté des juſticiables, & laiſſent ainfi aux Parties le dangereux pouvoir de fe choifir des Juges, & de fe jouer de ceux auxquels un ordre antique & fondé fur la premiere loi fociale, les avoit foumis, & qu'il leur aprenoit à refpecter.

On fupprime différens Tribunaux d'exception; puis ajoutant l'infulte à l'injuftice, on offre aux Titulaires, en paiement de leurs Offices fupprimés, des provifions d'Offices dans les nouveaux Tribunaux. C'eft ainfi qu'en privant d'honnêtes Citoyens de l'état qu'ils ont embraffé fur la foi publique, & la garantie du Contrat National qui met en Bretagne tout Office de Judicature à l'abri des fuppreffions arbitraires, on voudroit les réduire à l'humiliante & honteufe néceffité d'accepter des emplois, dont le titre eft d'avance flétri dans l'opinion publique.

Qu'a promis enfin Votre Majefté? *De ne rien innover en Bretagne fans l'avis & le confentement des Etats;* & cependant lorfqu'il s'agit d'une révolution telle qu'il n'en exifta jamais dans la Monarchie; lorfqu'il eft queftion non pas feulement de réformer ou d'innover, mais de détruire la Magiftrature, d'anéantir les Loix, d'ébranler toutes les bâfes de la conftitution, cette opération défaftreufe eft préparée, conduite, exécutée, fans que les Etats foient affemblés, fans qu'ils en déliberent.

Et c'eft au moment même où le coup mortel eft porté, c'eft dans l'acte deftructif de tous nos droits, qu'on déclare ne vouloir y porter aucun préjudice; c'eft après en avoir, autant qu'il étoit poffible, confommé la ruine, qu'on nous offre des efpérances illufoires, démenties d'avance par le titre même fur lequel on les appuie; & que l'on fait dire à Votre Majefté que les Droits des Provinces *font expreffément réfervés dans les nouveaux Edits.*

Quoi, SIRE, nos Droits font réfervés, lorfqu'il n'en eft prefque aucun qui n'ait reçu la plus mortelle atteinte; lorfqu'il n'eft pas un Ordre de Citoyens, pas un Corps, pas un Tribunal, pas un individu, qui ne foit dépouillé de fes prérogatives les plus effentielles; lorfque les droits de la propriété des biens, ceux de la liberté des perfonnes font violés avec un fcandaleux éclat.

Quel eft donc l'efpece de Droit qu'on nous réferve? Celui de délibérer fur les Edits, Déclarations & Ordonnances de nos Rois? Mais on les notifie, on les met à exécution avant de les présenter à l'Assemblée des Etats. Celui de vérification dans les Cours Souveraines de la Province ? Mais la transcription des nouveaux Edits a perdu jusqu'à l'apparence de la vérification, ou plutôt elle n'en est que la violation manifeste. Celui de n'avoir que des Tribunaux & des Juges avoués par la Nation ? Mais n'emploie-t-on pas la force & la violence pour former & abolir ses Tribunaux les plus antiques, les plus chers & les plus respectés ; pour lui arracher les seuls Juges qu'elle puisse reconnoître ; pour lui en donner qui, rejettés par elle avec indignation, ne pourroient être que l'objet de ses mépris.

Et dans quelle circonstance ose-t-on former des projets & tenter une subversion qui, en jettant par-tout la consternation & le désespoir, acheve de ruiner les fortunes particulieres ; embarrasse & suspend les perceptions les plus légitimes ; met toutes les affaires de l'Etat dans une stagnation vraiement allarmante ; desseche & tarit les canaux destinés à remplir le Trésor Royal, & fait perdre au Gouvernement les seuls & vrais garans qu'il puisse offrir à la confiance publique ? C'est lorsque toutes les ressources de l'Etat sont épuisées ; que son crédit s'altere ; que ses revenus sont consommés d'avance ; lorsque le Trésor Royal est grévé d'emprunts & le peuple accablé d'impôts ; lorsqu'un luxe désordonné fait chanceler les plus hautes fortunes ; lorsque, pour remédier aux funestes effets d'une prodigalité scandaleuse, l'administration se voit obligée de restreindre les pensions méritées par des services réels, comme celles obtenues par l'intrigue & la protection ; lorsqu'une foule de Citoyens se voient subitement privés de leur état par des suppressions que des vues économiques peuvent justifier, mais qui n'en sont pas moins autant de coups portés à la propriété ; lorsque toutes les opérations bien ou mal concertées des Ministres, frappent sur les Citoyens de tous les rangs, de toutes les professions. C'est lorsque toutes ces diverses secousses operent nécessairement une commotion générale, qu'on laisse le crime sans vengeance & l'innocence privée de tout soutien ; qu'on suspend le cours de la Justice ; qu'on la déclare par-tout & au même instant vacante ; qu'on a l'imprudence de fermer tous les Tribunaux en attendant qu'on puiſſe les avilir ou les détruire. C'eſt lorſque le mécontentement eſt univerſel, c'eſt alors que l'on rompt le ſeul frein capable de prévenir les ſuites d'une fermentation toujours dangereuſe: en un mot, c'eſt lorſqu'un déficit énorme ſollicite les derniers efforts d'une Nation généreuſe, qu'on attaque ſes Loix conſtitutionnelles ; qu'on anéantit le ſeul principe d'énergie qui lui reſte.

Par les Edits qui cauſent ce bouleverſement général, on rappelle la parole ſacrée qu'avoit donnée Votre Majeſté : on lui fait renouveller l'engagement ſolennel de convoquer les Etats généraux. Eſt-ce par une dériſion inſultante pour ceux à qui cette promeſſe eſt faite ; ou veut-on que la Nation ſoit aſſemblée pour déplorer la perte de ſes Loix ? C'eſt lorſqu'il s'agit de les réformer, qu'elle doit être ſur-tout conſultée. Les grands changemens que n'appelle & ne prépare pas ſon vœu manifeſté d'une maniere éclatante, ſont toujours dangereux ; ils inquietent, ils alarment ; le trouble s'empare des eſprits ; la confiance ſe perd, & l'autorité elle-même ſe trouve compromiſe. Les Etats Généraux n'ont jamais concouru qu'à en raffermir les bâſes ; ils en ont toujours été les ſoutiens naturels & les défenſeurs les plus zélés. Empreſſez-vous donc, SIRE, de les convoquer ; environnez-vous de cette Aſſemblée auguſte que, dans les temps même les plus difficiles & les plus orageux, vos Prédéceſſeurs n'ont jamais formée ſans en retirer les plus grands avantages. Votre Majeſté en a reconnu l'extrême néceſſité : *ſa parole eſt ſacrée, les Etats généraux ſeront convoqués au plus tard en* 1791. Daignez, SIRE, accélérer cette convocation. N'attendez pas que la ruine de l'Etat ſoit conſommée ; que vos Peuples n'aient plus que des vœux ſtériles à former, que des larmes à vous offrir.

SIRE, la Cour d'un Roi de France n'appartient pas excluſivement à tel ou tel lieu de ſon vaſte empire ; il n'eſt aucune de ſes Provinces qui n'ait droit de partager le bonheur & la gloire de poſſéder celui qu'elles chériſſent toutes comme leur pere. Que Votre Majeſté ne peut-elle quitter un moment ces Palais faſtueux, enrichis de la miſere & de l'épuiſement des peuples, & voir par elle-même l'état déplorable où l'on ſe fait un jeu cruel de plonger toutes les parties de son royaume. En est-il une seule qui ne gémisse du systême actuel, & qui ne le regarde comme un fléau? De quelle foule innombrable de familles en Bretagne n'opéreroit-il pas la ruine? La Ville de Rennes sur-tout que sa situation prive de toute espece de commerce, se trouveroit absolument sans ressources, si elle venoit à perdre son unique moyen de subsistance, qu'elle doit à ce continuel mouvement d'affaires & à cette affluence de consommateurs étrangers qui disparoîtroient avec le Parlement & les Tribunaux de Justice qu'elle possede; & il en seroit de cette Ville comme de beaucoup d'autres, son désastre s'étendroit jusques sur les campagnes qui l'environnent.

Non, SIRE, le regne de Votre Majesté ne sera point l'époque de tant de malheurs; vous ne consommerez point une opération si funeste. Votre bienfaisance, votre justice viendront au secours de vos infortunés Sujets; vous retirerez les Edits qu'on a osé vous surprendre, & que déja depuis long-temps leurs propres Auteurs auroient abandonnés, s'ils ne regardoient pas comme incompatibles avec le rétablissement de l'ordre, le crédit & la faveur dont ils abusent.

Sans doute que, pour prolonger de quelques instans leur existence ministérielle, ils ne manqueront pas d'employer ces moyens malheureusement trop ordinaires, la derniere ressource de ceux qui ont compromis l'Autorité Royale. Ils mettront la puissance de votre Majesté en opposition avec sa Justice; sacrifieront sa vraie gloire à une fausse apparence de dignité, & intéresseront la majesté du Trône à défendre leur ouvrage, à consacrer leurs torts; mais leurs efforts ne prévaudront pas contre ces principes d'éternelle vérité, qu'un de vos Ministres, en qui ce titre si honorable pour ceux qui s'en rendent dignes, n'aura pas dégradé sans doute le caractere de Magistrat, fit si noblement valoir à l'époque la plus glorieuse & la plus intéressante de votre regne.

S'il s'élevoit jamais, disoit M. de Lamoignon de Malesherbes, *à* l'un de vos augustes freres, *s'il s'élevoit de ces génies inquiets qui ne peuvent avoir d'existence que par les troubles, s'ils osoient faire entendre ces maximes funestes:*

Que la puissance n'est jamais assez respectée, quand la terreur ne marche pas devant elle.

Que l'Administration doit être un mystere caché aux regards du peuple, parce que le peuple tend toujours à se soustraire à l'obéissance, & que toutes ses représentations, ses supplications même, sont des commencemens de révolte.

Que l'autorité est intéressée à soutenir tous ceux qui ont eu le pouvoir en main, lors même qu'ils en ont abusé.

Enfin que les plus fideles Sujets d'un Roi, sont ceux qui se dévouent à la haine du peuple.

Alors sans recourir à ce qui s'est passé dans les jours heureux de Saint Louis, de Charles V, de Louis XII, de Henri IV, il suffira au Roi de se rappeller ce qu'il a vu dans les premiers instans de son Regne.

Abandonnez donc, SIRE, des projets sinistres, qui loin d'affermir votre autorité, ne peuvent que de plus en plus la compromettre. Voyez l'effroi qu'ils répandent; voyez la résistence qu'ils éprouvent; entendez les cris qu'ils excitent; connoissez les malheurs qu'ils vont causer...... déja le sang de vos Peuples a coulé...... de nouvelles victimes seront-elles immolées à la fureur des ennemis de la Magistrature & des Loix? Ne nous sera-t-il réservé d'autre alternative que l'asservissement ou la mort? On fait marcher des armées; des Troupes se répandent dans toute la Bretagne; les édifices publics, nos Eglises, le Sanctuaire des Loix, sont transformés en casernes; & cependant la Capitale de la Province ne peut contenir la Garnison extraordinaire dont vos Porteurs d'ordre jugent à propos de s'entourer. Ils remplissent l'intérieur de la Ville de Rennes de Soldats, comme s'ils avoient un Siege à soutenir; & à l'extérieur, ils la tiennent bloquée par un Camp, comme s'ils avoient une attaque à former. Quels nouveaux projets, quelle entreprise nouvelle peuvent-ils donc encore méditer contre la liberté publique? Quel peut être l'objet de toutes ces incursions Militaires? Comment ne rougit-on pas de déployer l'appareil menaçant de la guerre contre des Citoyens armés seulement de la Loi, ou plutôt contre la Loi elle-même? Comment peut-on se plaire à dégrader, par de si honteuses expéditions, des hommes

hommes que la défenſe de la Patrie doit ſeule appeller au combat, & que l'honneur doit conduire à la victoire. De pareils moyens ne ſont propres qu'à augmenter les dangers qu'on voudroit prévenir, & que d'un mot, SIRE, vous pouvez faire ceſſer.

Quelles conſéquences affreuſes, un pareil ſyſtême n'eſt-il pas de nature à produire ? Dans le choc qui peut en un moment attirer ſur votre Royaume une ſuite de calamités dont il ſeroit difficile de prévoir l'iſſue & le terme, ſur quel ſecours oſeroient compter les imprudens Auteurs de tous nos maux ? Pourroient-ils ſe flatter que le glaive ne tomberoit pas des mains de leurs ſatellites eux-mêmes en voyant ſur quelles têtes il ſeroit levé ? Eſpéreroient-ils que le farouche ſoldat ne connoîtroit que l'aveugle autorité qui le ſoudoie ; qu'au premier ſignal il déchireroit impitoyablement le ſein qui le nourrit & qu'il doit défendre ; qu'il méconnoîtroit ſes freres ; qu'il pourroit oublier qu'il eſt Français !..... Ah ! SIRE, quelles reſſources ! quelles eſpérances !

Ce ſont les ſeules pourtant que le deſpotiſme réſerve au malheureux Potentat dont il a flétri la puiſſance. Voyez ces redoutables Sultans qui ne regnent que par le fer ; qui ne connoiſſent d'autre Loi que leurs volontés & leurs caprices ; la force les éleve ſur le Trône, la force les en précipite. Quel Roi ſage, après avoir jetté les yeux ſur les différentes révolutions dont ils ſont le jouet, ſeroit tenté d'uſurper le pouvoir abſolu ? Quel deſpote, au contraire, ne ſeroit pas frappé du ſpectacle majeſtueux qu'offre dans la Monarchie Françaiſe cette longue ſucceſſion de Rois recevant paiſiblement des mains de la Loi la Couronne que la Loi avoit préſentée à leurs Prédéceſſeurs, & qu'elle garde pour ceux qui doivent leur ſuccéder.

C'eſt cette conſtitution à laquelle Votre Majeſté doit le Sceptre, qui nous a donné un Louis XII, un Henri IV ; c'eſt à cette heureuſe conſtitution que nous nous ſommes inſéparablement unis ; c'eſt elle qui excite aujourd'hui nos plus preſſantes réclamations. Nous invoquons la foi du Contrat qui nous attache à elle, & qui n'eſt pas plus qu'elle reſpecté ; nous invoquons, en un mot, le titre qui vous a transmis la Couronne de Bretagne & sur lequel reposent votre puissance & notre liberté.

Votre regne, SIRE, ne trompera point nos espérances; en 1784 la Nation Bretonne vous consacra un monument de félicitation publique. Ce n'est pas seulement au Pacificateur de l'Europe, au Défenseur de la liberté des Etats-Unis, c'est au Restaurateur du Gouvernement Français & Breton, au Protecteur de *nos Droits*, *Franchises & Libertés*, qu'une Statue a été décernée par *acclamation.* Il nous tarde, SIRE, que ce Monument de notre amour & de notre reconnoissance soit élevé; il nous tarde de voir votre Image placée au milieu de nous.

Mais lorsque témoins de l'attendrissement avec lequel nos yeux s'attacheront sur des traits si chers, les étrangers, nos enfans eux-mêmes s'empresseront de nous interroger. . . . . Serons-nous réduits à garder un triste & morne silence ? Ne répondrons-nous que par des pleurs ? Non, SIRE, votre cœur paternel nous est connu; ceux qui vous entourent ne parviendront point à en altérer les sentimens; nous pourrons faire éclater les nôtres. Nous dirons en contemplant l'objet de notre vénération : C'est l'image d'un Roi aussi chéri de son peuple, que respecté des Puissances étrangeres; c'est l'image d'un Roi qui, glorieux d'être le Chef d'une Nation libre, protégea la liberté jusques dans le Nouveau Monde; c'est l'image d'un Roi juste & bon, qui, malgré les efforts des méchans ne voulut régner que par les Loix; qui brisa la verge du despotisme, qu'on avoit substituée à son Sceptre; rétablit la Monarchie Française sur ses vraies bâses, & maintint la constitution bretonne dans tous ses droits.

Nous supplions très-humblement Votre Majesté, & la conjurons au nom d'une Province fidele, pour le bien & le soulagement de ses peuples, comme pour l'intérêt de sa puissance & pour celui de sa gloire, de retirer les

Edits, Ordonnances & Déclaration, transcrits d'autorité les 8 & 10 Mai dernier, tant à la Chambre des Comptes, qu'au Parlement de Bretagne.

Fait en Commission, à Rennes le 22 Juin 1788.

Signé,

L'Abbé de la Biochaye,
L'Abbé de la Villedeneu,
L'Abbé de la Croix,
L'Abbé de Fajole,
L'Abbé le Maistre.

Des Tulays,
Geslin de Tremergat,
Chaton de Vaugervy,
De la Cheviere,
De la Haye de Changée,
Le Chevalier de Talhouet,
Hay de Kenraix,
Martin de Montaudry.

Borie,
Bouvier des Touches,
De Noual de la Houssaye,
De la Grandville,
Le Mercier,
Loncle de la Coudraye,
Brossays du Perray,
Baron du Taya.

De Botherel Procureur-Général-Syndic des Etats.

A RENNES, chez NICOLAS-PAUL VATAR, Imprimeur de Nosseigneurs les Etats de Bretagne, 1788.

www.ingramcontent.com/pod-product-compliance
Ingram Content Group UK Ltd.
Pitfield, Milton Keynes, MK11 3LW, UK
UKHW021028200726
13857UKWH00004B/1656